MANUEL

DE

L'OFFICIER DE POLICE JUDICIAIRE MARITIME

PAR

P. MANGON DE LA LANDE

Sous-chef de bureau au Ministère de la marine

PARIS

LIBRAIRIE MILITAIRE R. CHAPELOT ET Cie

IMPRIMEURS-ÉDITEURS

30, Rue et Passage Dauphine, 30

1909

MANUEL

DE

L'OFFICIER DE POLICE JUDICIAIRE MARITIME

ABRÉVIATIONS.

C. J. M..	Code de justice maritime.	Circ. min.	Circulaire ministérielle.
C. I. Cr..	Code d'instruction criminelle.	Dép. min.	Dépêche ministérielle.
C. P.....	Code pénal.	Instr.min.	Instruction ministérielle.
Cass.....	Arrêt de la Cour de cassation.	Art......	Article.

CHAPITRE PREMIER.

NOTIONS GÉNÉRALES.

Qu'elles régissent la masse des citoyens ou seulement certains d'entre eux, comme les militaires et marins, toutes les lois répressives reposent sur des principes communs. Le Code de justice maritime (art. 260), dans une formule identique à celle employée par le Code de justice militaire (art. 201), énumère les plus importants de ces principes fondamentaux quand il déclare applicables, devant les tribunaux de la marine, les articles du Code pénal ordinaire « relatifs à la tentative de crime ou délit, à la complicité et aux cas d'excuses ». Qu'est-ce qu'un crime, un délit, une contravention? Quand y a-t-il flagrant délit? Quels sont les éléments constitutifs de la tentative et de la complicité? La tentative et la complicité sont-elles punissables? Quelles circonstances rendent un crime ou un délit excusable? Telles sont les questions auxquelles toute personne qui collabore, même accidentellement, à l'œuvre de la justice, et, en particulier, tout officier de police judiciaire, doit être en mesure de répondre.

Crimes, délits, contraventions. — L'infraction que les lois Code pénal, Code de justice maritime, ou tout autre acte émanant du pouvoir législatif), punissent d'une peine afflictive ou infamante est un *crime;* celle que les lois punissent de peines correctionnelles est un *délit*[1].

Celle que les lois punissent de peines de simple police est une *contravention* (art. 1er, C. P.).

Les peines afflictives ou infamantes sont : la mort, les travaux forcés à perpétuité ou à temps, la déportation, la détention, la reclusion, le bannissement, la dégradation civique ou militaire (art. 7, C. P. et 237, C. J. M.).

Les peines correctionnelles sont : la destitution, les travaux publics, l'emprisonnement au-dessus de cinq jours, la privation de commandement, l'inaptitude à l'avancement, la réduction de grade ou de classe, le cachot ou double boucle, l'amende au-dessus de 15 francs (art. 9, C. P. et 238, C. J. M.).

Les peines de simple police sont : l'emprisonnement d'un à cinq jours, et l'amende d'un à quinze francs (art. 464, 465, 466, C. P.).

La classification des infractions en crimes, délits et contraventions, suivant la gravité de la peine qu'elles encourent, est, de beaucoup, la plus importante ; mais nos lois pénales consacrent, plus ou moins explicitement, d'autres distinctions, notamment :

Celle des *délits communs* (le mot « délit » étant pris ici au sens large) et des *délits spéciaux*, les premiers pouvant être commis par tous les citoyens, les seconds, par certains d'entre eux seulement, comme les militaires, les marins, les fonctionnaires ;

Celle des *délits politiques* et des *délits non politiques;* et surtout celle des *délits flagrants*, par opposition aux *délits non flagrants*, sur laquelle, vu son importance en matière de police judiciaire, il y a lieu d'insister tout spécialement.

----

[1] Le mot « délit » est également employé dans un sens général, comme synonyme du mot « infraction ».

Flagrants délits. — La loi militaire n'ayant pas défini ces mots, c'est au Code d'instruction criminelle qu'il faut recourir pour en saisir la portée exacte.

D'après l'article 41 de ce code, il y a flagrant délit :

1° Lorsque le crime se commet actuellement ;

2° Lorsqu'il vient de se commettre ;

3° Lorsque le prévenu est poursuivi par la clameur publique ;

4° Lorsqu'il est trouvé saisi d'effets, armes, instruments ou papiers, faisant présumer qu'il est auteur ou complice, pourvu que ce soit dans un temps voisin du délit.

Lorsque le délit se commet actuellement : c'est la véritable phase du flagrant délit. Le prévenu est surpris dans les actes mêmes de l'exécution.

Lorsque le délit vient de se commettre : la situation se rapproche beaucoup de la première. Le délit est consommé, mais toutes les traces sont pour ainsi dire vivantes : les témoins sont sur les lieux ; l'émotion publique subsiste ; le prévenu est arrêté ou va l'être, il est au moins l'objet d'actives recherches ; le corps du délit est exposé à la vue de tous. Il s'agit donc des instants où l'action peut être saisie, encore intacte et palpitante, par la justice. Il faut toutefois ajouter le temps nécessaire pour que le transport de l'officier judiciaire au lieu de l'événement ait pu s'effectuer.

Lorsque le prévenu est poursuivi par la clameur publique : la loi suppose ici que l'agent du fait délictueux, en fuyant après l'avoir exécuté, est montré et désigné par les cris du peuple l'accusant publiquement. Cela s'applique même au cas où, sans être matériellement poursuivi dans sa fuite, l'agent est hautement indiqué par la voix publique comme étant l'auteur du crime ou du délit qui vient d'être commis.

Il ne faudrait pas cependant confondre cette clameur avec la rumeur publique, ou la notoriété publique, n'ayant que de vagues fondements et ne s'étant accentuée que quelques temps après la perpétration du fait reprochable. Cette rumeur et cette notoriété doivent éveiller la sollicitude de la justice et peuvent motiver une instruction, mais elles ne constituent pas le flagrant délit.

Lorsque le prévenu est trouvé saisi d'effets, armes, instruments ou papiers faisant présumer qu'il est auteur ou complice, pourvu que ce soit dans un temps voisin du délit : les conditions imposées ainsi pour constituer le flagrant délit sont : que la possession, soit des objets volés, soit des instruments qui ont servi à commettre le crime ou le délit, soit des papiers qui en constatent la perpétration, constitue contre leur détenteur une preuve tellement formelle qu'elle l'accuse aussi clairement que l'eût pu faire la clameur publique ; que, surtout, cette possession suspecte n'ait pu être légitimée d'aucune façon ; puis, encore, que ce soit dans un temps voisin du délit, c'est-à-dire alors que la découverte récente de l'infraction provoquait des recherches judiciaires non interrompues.

Les jurisconsultes, à ce sujet, citent cet exemple : Un homme trouvé, même au bout de quelques jours, possesseur d'un cheval appartenant à autrui, et qui ne pourrait pas justifier ce fait, devrait être réputé en flagrant délit.

Tentative de crime ou de délit. — Toute tentative de *crime* qui aura été manifestée par un commencement d'exécution, si elle n'a été suspendue, ou si elle n'a manqué son effet que par des circonstances indépendantes de la volonté de son auteur, est considérée comme le crime même (art. 2, C. P.).

Par contre, les tentatives de *délits* ne sont considérées comme délits que dans les cas déterminés par une disposition spéciale de la loi (art. 3, C. P.), disposition qu'on trouve notamment en matière de vol et d'escroquerie.

La loi gardant le silence sur la tentative de *contravention*, on doit conclure que celle-ci n'est pas punissable.

Complicité. — L'auteur d'un crime ou d'un délit peut avoir des *complices*.

Sont réputés *complices* d'une action qualifiée crime ou délit :

1º Ceux qui, par dons, promesses, menaces, abus d'autorité ou de pouvoir, machinations ou artifices coupables, auront provoqué à cette action ou donné des instructions pour la commettre ou qui, avec connaissance, auront procuré des armes, instruments ou autres moyens matériels de la commettre ;

2º Ceux qui, avec connaissance, auront prêté aide ou assistance à l'auteur du crime ou du délit ;

3º Enfin, ceux qui auront, sciemment, recélé soit des malfaiteurs, soit des choses enlevées, détournées ou obtenues à l'aide d'un crime ou d'un délit (art. 60, 61, 62, C. P.).

Dans le premier cas, la complicité est antérieure, dans le second cas, concomitante, dans le troisième cas, postérieure à la perpétration du crime ou du délit.

Le complice est puni de la même peine que l'auteur même du *crime* ou du *délit* (art. 59, C. P.).

Par suite du silence de la loi, la complicité n'est pas punissable en matière de *contravention*.

Cas d'excuses.— Les situations que le Code pénal envisage dans ses articles 64 et 65 et que le Code de justice maritime (art. 260) confond sous le terme de « cas d'excuses », appartiennent en réalité à deux catégories bien distinctes.

Dans les cas visés par l'article 64, la culpabilité de l'auteur de l'infraction n'existe pas ; il n'y a, suivant l'énergique expression de la loi, ni crime, ni délit, et par suite, aucune peine ne peut être prononcée.

Au contraire, dans les cas visés par l'article 65 du Code pénal, l'auteur de l'infraction est coupable ; mais, soit dans un but d'utilité sociale, soit parce que le mal causé par l'infraction a été ultérieurement réparé, soit en raison de la parenté ou de l'alliance existant entre la victime de l'infraction et le délinquant, soit pour tout autre motif, la loi déclare celui-ci excusable et lui accorde une exemption totale ou partielle de peine.

En résumé, les cas visés par l'article 65 du Code pénal sont les seuls qui puissent être qualifiés de « cas d'excuses » ; quant à ceux visés par l'article 64, ils constituent des cas de non-responsabilité, ce qui est bien différent.

Aux termes de ce dernier article, « il n'y a ni crime, ni délit « lorsque le prévenu était en état de démence au temps de l'action « ou s'il a été contraint par une force à laquelle il n'a pu résister ». Ce que le Code pénal dit de la *démence*, s'applique à l'*ivresse*, qui n'est, en somme, qu'une forme de la folie ; il n'en serait différemment que si le prévenu s'était enivré volontairement afin de se donner l'audace ou le courage qui lui manquait pour perpétrer son délit.

Quant à la *contrainte*, elle supprime également la responsabilité de l'agent, qu'elle soit physique, comme lorsqu'elle provient du fait d'un autre homme ou de l'action de la nature, ou qu'elle soit morale, comme celle qui résulte de la crainte d'un mal sérieux et imminent pour soi et pour autrui. L'article 328 du Code pénal ne fait qu'appliquer ce principe en décidant « qu'il n'y a ni crime ni délit lorsque « l'homicide, les blessures et les coups étaient commandés par la « nécessité actuelle de la *légitime défense* de soi-même ou d'au- « trui ».

« Nul crime ou délit ne peut être excusé, dit l'article 65 du Code « pénal, ni la peine mitigée, que dans les cas et dans les circons- « tances où la loi déclare le crime excusable, ou permet de lui appli- « quer une peine moins rigoureuse. » Les cas d'excuses étant fort nombreux, il faut se borner à indiquer les principaux.

Suivant qu'elles entraînent une exemption totale ou, au contraire, une simple diminution de peine, les excuses sont dites *absolutoires* ou *atténuantes*.

Bénéficient, notamment, d'une *excuse absolutoire :*

Les faux monnayeurs qui ont révélé à la justice le nom de leurs complices (art. 138, C. P.);

Les militaires de la gendarmerie, gardiens de prison et autres agents poursuivis à raison de l'évasion des détenus confiés à leur garde, lorsque ceux-ci sont repris dans les quatre mois de l'évasion (art. 247, C. P.).

Les maris qui ont commis des soustractions au préjudice de leurs femmes, et réciproquement; les enfants qui ont commis le même délit au préjudice de leurs pères ou mères, et réciproquement (art. 380, C. P.).

Parmi les *excuses atténuantes*, il en est deux qui, en raison de leur application fréquente, méritent une mention : ce sont la minorité de 16 ans et la provocation. La première a une portée générale en ce sens qu'elle est applicable à tous les crimes ou délits sans distinction, pourvu qu'un mineur de 16 ans en soit l'auteur. La provocation, au contraire, ne peut être invoquée que par l'auteur des crimes ou délits de meurtre, coups et blessures volontaires. De plus, la loi ne reconnaît comme provocation que :

1° Les coups ou violences graves exercées par la victime sur la personne du délinquant ou sur autrui;

2° L'escalade ou l'effraction pratiquée pour pénétrer, de jour, dans une maison habitée ou dans ses dépendances. Par suite, le meurtre, de même que les coups et blessures, ne sont pas excusables lorsqu'ils ont été provoqués par des injures ou menaces, si graves soient-elles.

CHAPITRE II.

OBJET DE LA POLICE JUDICIAIRE MARITIME.

« La police judiciaire maritime recherche les crimes ou les délits, en ras- « semble les preuves et en livre les auteurs à l'autorité chargée d'en pour- « suivre la répression devant les tribunaux de la marine » (art. 113, C. J. M.).

Par « *tribunaux de la marine* », il faut entendre uniquement les tribunaux institués par le Code de justice maritime, c'est-à-dire :

1º Les *conseils de guerre*, qui connaissent des crimes ou délits de toute nature (à l'exception des délits de chasse, de pêche et autres visés à l'article 372 du Code) commis par les membres des divers corps militaires de la marine et de certains autres corps qui, bien que civils, sont assimilés judiciairement aux précédents ;

2º Les *tribunaux maritimes*, qui connaissent des crimes ou délits commis par un individu quelconque (fût-il même étranger à la marine), dans l'intérieur des arsenaux et établissements maritimes et susceptibles de compromettre, soit la police ou la sûreté de ces établissements, soit le service maritime.

En résumé, tout *crime* ou *délit* commis par un marin ou par un fonctionnaire de la marine assimilé judiciairement aux marins, de même que tout *crime* ou *délit* commis dans l'intérieur d'un établissement maritime et susceptible d'en compromettre la police ou la sûreté, rentre dans le domaine de la police judiciaire maritime et légitime son intervention.

Les agents chargés de cette police étant, pour la plupart, nantis de grades ne doivent pas, d'ailleurs, se désintéresser des contraventions de police, fautes de discipline et infractions aux consignes dont ils ont connaissance dans l'exercice de leurs fonctions ou pendant le service, sous prétexte que ces infractions légères ne sont ni des *crimes* ni des *délits*. Mais lorsqu'ils constatent et signalent ces infractions, comme l'article 126 du Code maritime leur en fait un devoir, ils n'agissent pas comme officiers de police judiciaire et, par suite, ils n'ont ni les droits, ni les obligations inhérentes à cette qualité.

CHAPITRE III.

« La police judiciaire maritime dans les arrondissements est exercée, sous
« l'autorité du préfet maritime :
« 1° Par les sous-aides-majors ;
« 2° Par les officiers, sous-officiers et commandants de brigades de la gen-
« darmerie maritime ;
« 3° Par les chefs de poste ;
« 4° Par les gardes de l'artillerie de marine [1] ;
« 5° Par les rapporteurs près les conseils de guerre, en cas de flagrant délit »
(art. 114, C. J. M.).

De plus, lorsque le crime ou délit à constater est de la compétence des tribunaux maritimes :

« Les commissaires-rapporteurs près les tribunaux maritimes ;
« Les maîtres entretenus [2] ;
« Les conducteurs de travaux [3]

« procèdent, comme officiers de police judiciaire, concurremment avec les
« fonctionnaires désignés en l'article 114 » (art. 198, C. J. M.).

Pour tout ce personnel, aucune condition n'est requise, si ce n'est celle du grade ou de la fonction.

Les commandants des brigades de gendarmerie maritime et les chefs de poste sont officiers de police judiciaire, quel que soit leur grade, et fussent-ils même simples gendarmes, marins ou soldats.

Par ailleurs, et en vertu de l'article 115 du Code de justice maritime :

« Les majors généraux, majors et aides-majors de la marine, les chefs de
« corps, de dépôt et de détachement, les chefs de service et de détail peuvent
« faire personnellement ou requérir les officiers de police judiciaire, chacun
« en ce qui le concerne, de faire tous les actes nécessaires à l'effet de constater
« les crimes et les délits et d'en livrer les auteurs aux tribunaux chargés de
« les punir. »

Mais cet article, tel que le Département l'a toujours interprété, ne

---

[1] Désignés aujourd'hui sous le titre d'*officiers d'administration*, *contrôleurs d'armes*.
[2] Désignés aujourd'hui sous le titre d'*adjoints techniques*.
[3] Désignés aujourd'hui sous le titre d'*adjoints techniques des travaux hydrauliques*.

donne l'exercice de la police judiciaire aux majors généraux, majors de la marine, etc..., qu'à titre purement subsidiaire, c'est-à-dire qu'à défaut ou en l'absence d'officiers de police judiciaire proprement dits (Dép. min. 18 juillet 1908). En fait, les autorités visées à l'article 115 procèdent presque toujours par voie de réquisition, dans les conditions qui seront indiquées au chapitre XII ci-après.

En raison du nombre considérable des officiers de police judiciaire maritime, il pourrait arriver, si l'on n'y prenait garde, que plusieurs d'entre eux se trouvassent en concurrence dans un cas donné. Aussi l'arrêté ministériel du 27 janvier 1908 a-t-il spécifié que, *dans l'intérieur des arsenaux*, l'officier de gendarmerie, sous-aide-major (suppléé, dans certains cas, par les sous-officiers, brigadiers ou chefs de poste sous ses ordres) exercerait la police judiciaire par priorité et préférence à tous autres.

Hors des arsenaux, il appartient au préfet maritime, chef suprême de la police judiciaire dans l'arrondissement, de délimiter, par des ordres appropriés, le rôle de chacun, de manière à prévenir les conflits. En l'absence de dispositions précises à ce sujet, on fera bien de se conformer aux principes suivants, qui sont extraits d'instructions ministérielles contemporaines du Code : « La préférence « appartient au plus élevé en grade et, à égalité de grade, aux « officiers, sous-officiers et commandants de brigade de la gendar- « merie maritime. Il convient, d'ailleurs, que celui qui est revêtu « du grade le plus élevé s'abstienne d'agir personnellement, s'il « peut requérir l'intervention d'un officier de police judiciaire « maritime plus propre à constater l'infraction, soit par l'habi- « tude qu'il a de ce genre de devoir, soit d'après la nature de l'in- « fraction. »

Enfin, comme tous les officiers de police judiciaire maritime ont, à ce titre, un droit égal en vertu de la loi, celui d'entre eux qui a commencé une enquête peut la continuer, lors même qu'il surviendrait un autre officier de police judiciaire de grade plus élevé ou plus qualifié, à moins, bien entendu, d'ordres ou consignes contraires émanant du préfet maritime. L'autorité que l'article 114 du Code de justice maritime confère à cet officier général sur les officiers de police judiciaire lui permet, en effet, de remplacer, au cours d'une enquête, un de ces officiers par un autre, ou même d'arrêter une enquête régulièrement commencée (Dép. min. 23 avril 1906).

Un officier de police judiciaire ne peut exercer ses fonctions dans sa propre cause (Cass., 13 novembre 1874), mais il peut verbaliser contre ses parents, ainsi que l'a décidé, à plusieurs reprises la Cour suprême.

Il convient que les officiers de police judiciaire soient revêtus de leurs insignes ou de leur uniforme lorsqu'ils procèdent à des actes de leur ministère ; c'est un moyen de faire reconnaître leur qualité et d'imposer le respect dû aux représentants de la loi. Le port des insignes ou du costume devient même une obligation stricte quand il s'agit, soit de contraindre la volonté d'un citoyen, soit de s'introduire dans son domicile, soit, enfin, de faire un acte quelconque contre lequel la rébellion est à craindre. (Cass., 11 octobre 1821, 20 septembre 1833).

CHAPITRE IV.

RÉCEPTION DES DÉNONCIATIONS ET DES PLAINTES.

« Les officiers de police judiciaire maritime reçoivent, en cette qualité, les « dénonciations et les plaintes qui leur sont adressées... en se conformant « aux articles 31... et 65 du Code d'instruction criminelle » (art. 116, C. J. M.).

La *dénonciation* est l'avis donné à un officier de police judiciaire qu'un crime ou un délit a été commis.

La *plainte* est la dénonciation émanant de la personne même que le crime ou le délit commis a lésée.

Toute autorité constituée, tout fonctionnaire ou officier public qui, dans l'exercice de ses fonctions, acquiert la connaissance d'un crime ou d'un délit, est tenu d'en donner avis sur-le-champ à la justice. Les simples particuliers sont également tenus de dénoncer les crimes et les délits, mais seulement lorsqu'ils en ont été témoins (art. 29 et 30, C. I. Cr.). Aucune sanction légale ne garantit l'exécution de ces prescriptions ; mais une sanction disciplinaire pourrait être prise contre le fonctionnaire qui ne les observerait pas.

Les dénonciations doivent être rédigées par les dénonciateurs, ou par leurs fondés de pouvoir munis, à cet effet, d'une procuration spéciale. Elles seront toujours signées, à chaque feuillet, par les dénonciateurs ou leurs fondés de pouvoir et par l'officier de police judiciaire qui ne peut, bien entendu, y apporter ou faire apporter aucune modification. Si les dénonciateurs ou leurs fondés de pouvoir ne savent ou ne veulent pas signer, il en sera fait mention au procès-verbal que l'officier de police judiciaire doit dresser, soit au bas de la dénonciation, soit à part, pour en constater le dépôt.

Plus généralement, les dénonciations sont, à la demande de leurs auteurs, rédigées par l'officier de police judiciaire sous forme de procès-verbal relatant les déclarations à lui faites par le comparant. Ce procès-verbal doit être signé à chaque feuillet, comme il est dit ci-dessus, ou faire mention du motif pour lequel la signature du comparant n'y figure pas.

La procuration, quand il en aura été fait usage, et les pièces que le dénonciateur aurait remises à l'appui de sa dénonciation demeureront annexées à celle-ci (art. 31, C. I. Cr.).

Toutes les formalités concernant la production et le dépôt des dénonciations sont communes aux plaintes (art. 65, C. I. Cr.).

En règle générale, et à moins qu'il n'y ait flagrant délit, auquel cas il faudrait procéder immédiatement à des actes de police judiciaire, la dénonciation ou la plainte et les pièces qui l'accompagnent doivent être transmises, sans délai, au préfet maritime (art. 127, C. J. M.), ainsi qu'il sera dit au chapitre XI ci-après.

CHAPITRE V.

CONSTATATION DU CORPS DU DÉLIT ET DE L'ÉTAT DES LIEUX. EXPERTISES. LEVÉES DE CORPS.

« Les officiers de police judiciaire rédigent les procès-verbaux nécessaires « pour constater le corps du délit et l'état des lieux » (art. 116, C. J. M.).

La constatation du corps du délit et de l'état des lieux est le premier soin qui s'impose aux officiers de police judiciaire maritime, sur la connaissance ou l'avis qu'ils ont qu'un crime ou délit de leur compétence a été commis.

On doit entendre par *corps du délit* l'état d'une personne ou d'une chose, après qu'elle a subi le fait entraînant pénalité.

Ainsi, à la suite d'un homicide ou d'un délit de coups et blessures, le corps du délit serait la personne même de la victime, avec le nombre, la nature et la gravité des blessures ou coups dont elle porterait encore la marque ou ressentirait les effets, ainsi que les circonstances accessoires des traces de lutte et des vestiges de sang sur le corps ou sur les vêtements et dans les abords immédiats du lieu d'exécution du méfait.

Après un vol, le corps du délit pourrait être, par exemple, l'appareil dont, soit par arrachement, rupture ou autre moyen violent, soit par démontage ou à l'aide d'un habile procédé, on aurait enlevé quelque portion intégrante; ou bien encore, le corps du délit serait l'objet soustrait, s'il était tombé sous la main de la justice.

Quant à l'*état des lieux*, il consiste dans la description du lieu de l'infraction, sans s'embarrasser des détails inutiles à l'éclaircissement de l'affaire, mais en exposant nettement tous ceux qui peuvent aider à se rendre un compte exact de la façon dont le fait reproché a dû se passer.

L'état des lieux comprend, de plus, le relevé minutieux de toutes les dégradations aux toitures, plafonds, planchers, clôtures, portes, fenêtres, grilles, etc..., dénotant une action quelconque des inculpés, pour préparer, exécuter ou consommer l'infraction.

Cet état doit enfin relater en quels endroits auraient été trouvées des pièces de conviction, et jusqu'aux empreintes de pieds nus, ou chaussés de telle ou telle manière, découvertes là même où s'est accompli l'acte coupable, ainsi que dans le voisinage de ce lieu.

Les procès-verbaux de constat des corps de délits et d'état des lieux doivent d'ailleurs être principalement rédigés sous cette pensée qu'ils ont, pour ainsi dire, à conserver l'image de situations et de choses que diverses circonstances et le temps peuvent promptement modifier.

Un plan visuel ou linéaire, que l'officier de police judiciaire insérera dans son procès-verbal ou y joindra, et sur lequel seront indiquées la configuration et la disposition des lieux, ainsi que la place occupée par les objets essentiels, servira beaucoup plus, pour l'intelligence des lieux, que la description la plus exacte et la plus claire. On ne saurait donc trop recommander l'emploi de ce procédé.

La constatation du corps du délit et de l'état des lieux nécessite parfois des vérifications spéciales ou des opérations médico-légales.

Par exemple, il pourra être utile de savoir si un objet trouvé dans l'arsenal et semblant provenir de vol, appartient réellement à la marine. De même, en cas de coups et blessures, il peut y avoir intérêt à établir, dès les premiers moments, le degré de gravité des blessures faites. Dans ces deux cas et dans d'autres analogues, l'officier de police judiciaire devra recourir à une *expertise*.

Dans le silence du Code de justice maritime, on se conformera, en cette matière, à l'article 43 du Code d'instruction criminelle ci-après reproduit :

« Le procureur de la République sera accompagné, au besoin, d'une ou « deux personnes présumées, par leur art ou leur profession, capables d'ap- « précier la nature et les circonstances du crime ou du délit. »

L'expert jugé nécessaire (on doit, autant que possible, n'en désigner qu'un seul) sera choisi, à moins d'impossibilité absolue, dans le personnel de la marine, de manière à éviter des frais ; il sera appelé par un simple avis verbal ou, au besoin, par une invitation écrite et sans qu'il soit nécessaire, vu l'urgence, de passer par ses chefs hiérarchiques (Dép. min. 28 juillet 1898).

L'expert désigné qui, sans cause légitime, refuse son concours, s'expose, s'il appartient à la marine, à des peines disciplinaires, et s'il est étranger à la marine, à une amende de 6 à 10 francs (art. 475, 12°, C. P.). Cette amende peut même être de 25 à 100 francs si le refus de concours émane d'un docteur médecin (art. 23, loi du 30 novembre 1892).

Avant d'opérer, l'expert doit prêter, devant l'officier de police judiciaire, le serment prescrit par l'article 44 du Code d'instruction criminelle et dont il sera question plus loin ; mention de l'accomplissement de cette formalité doit être faite au procès-verbal.

L'officier de police judiciaire doit, autant que possible, être présent à l'expertise, pour veiller à ce que les vérifications portent sur les points que la justice a besoin de connaître. Il y a exception, toutefois, quand il s'agit d'un examen corporel aux cas de viol, d'attentat à la pudeur, etc...

A l'issue de ses opérations, l'expert dresse un rapport dans lequel il expose la manière dont il a opéré ainsi que les faits qu'il a constatés, et donne ses conclusions. De plus, l'officier de police judiciaire résume le résultat de l'expertise dans son procès-verbal de constat et fait signer celui-ci à l'expert. Cependant, rien n'empêche, toutes les fois que l'expertise offre peu d'importance ou a été confiée à un homme insuffisamment lettré, que l'avis de l'expert soit donné verbalement ; mais alors il importe que le procès-verbal de l'officier de police judiciaire reproduise cet avis et, autant que possible, qu'il soit signé par l'expert.

Les règles relatives aux constats et expertises trouvent notamment leur application en matière de *levée de corps*.

Toute mort violente doit, jusqu'à preuve contraire, être considérée comme le résultat d'un crime (meurtre) ou d'un délit (homicide par imprudence) et donne lieu à des constatations spéciales qui font l'objet des textes de loi ci-après reproduits :

« Lorsqu'il y aura des signes ou indices de mort violente, ou d'autres cir-
« constances qui donneront lieu de le soupçonner, on ne pourra faire l'inhu-
« mation qu'après qu'un officier de police, assisté d'un docteur en médecine
« ou en chirurgie, aura dressé procès-verbal de l'état du cadavre et des cir-
« constances y relatives, ainsi que des renseignements qu'il aura pu recueillir
« sur les prénoms, nom, âge, profession, lieu de naissance et domicile de la
« personne décédée » (art. 81, C. civ.).

« L'officier de police sera tenu de transmettre de suite à l'officier de l'état
« civil du lieu où la personne sera décédée, tous les renseignements énoncés
« dans son procès-verbal, d'après lesquels l'acte de décès sera rédigé »
(art. 82, C. civ.).

« S'il s'agit d'une mort violente ou d'une mort dont la cause soit inconnue
« ou suspecte, le procureur de la République se fera assister d'un ou de deux
« officiers de santé qui feront leur rapport sur les causes de la mort et sur
« l'état du cadavre. Les personnes appelées prêteront devant le procureur de la
« République, le serment de faire leur rapport et de donner leur avis en leur
« honneur et conscience » (art. 44, C. I. Cr.).

Le procureur de la République et les officiers de police judiciaire ordinaire n'ayant pas accès dans les établissements de la marine, c'est aux officiers de police judiciaire maritime qu'il appartient, le cas échéant, de procéder aux formalités ci-dessus prescrites.

Aussitôt, par conséquent, qu'il est avisé qu'une mort subite vient de se produire dans l'arsenal ou établissement, ou qu'un corps privé de vie vient d'y être trouvé, l'officier de police judiciaire maritime compétent (sous-aide-major, commissaire-rapporteur, directeur de l'établissement, etc....) requiert le médecin de la marine le plus à proximité, se transporte avec lui près du cadavre, puis rédige le procès-verbal de constat en ayant soin d'y mentionner les circonstances et renseignements visés à l'article 81 du Code civil, c'est-à-dire :

a) L'état et la position du cadavre, le lieu où il gisait ;

b) Les objets, armes, instruments trouvés près du corps ;

c) Le signalement et l'état civil du défunt, ou, si celui-ci est inconnu, son âge apparent ;

d) Les causes et la date de la mort, telles qu'elles résultent du rapport médico-légal fourni par l'expert et qui doit être joint au procès-verbal.

Si, de l'avis de l'expert, la cause de la mort ne peut être déterminée que par voie d'autopsie, l'officier de police judiciaire clôture momentanément son procès-verbal en déclarant qu'il a ordonné le transport du corps à l'hôpital aux fins d'autopsie, sauf à le compléter après cette opération.

Enfin, il établit et adresse au corps, au bâtiment, ou à la famille du décédé un extrait de son procès-verbal sur le vu duquel l'officier de l'état civil délivrera le permis d'inhumer et dressera l'acte de décès. Si, comme il arrive presque toujours dans les ports militaires, le cadavre a été transporté à l'hôpital maritime, c'est au directeur de cet hôpital que l'extrait susvisé doit être adressé, parce que c'est lui qui, d'après l'article 80 du Code civil, doit faire auprès de l'officier de l'état civil les démarches nécessaires.

Conformément à un accord intervenu, en 1865, entre les deux Départements de la justice et de la marine, une copie de tout procès-verbal constatant une mort subite ou violente survenue dans l'intérieur d'un arsenal ou établissement maritime doit être transmise par l'officier de police judiciaire au procureur de la République pour que ce magistrat en fasse état, s'il y a lieu, lors de l'établissement de la statistique criminelle qu'il doit fournir, chaque année, à la chancellerie (Dép. min., 6 juin 1908).

Lorsque plusieurs personnes ont péri dans un incendie, une explosion ou toute autre catastrophe, on opère comme il vient d'être dit si les cadavres sont retrouvés. Mais si l'on ne peut découvrir les cadavres, il faut se conformer, par analogie, aux règles tracées par l'article 19 du décret du 3 janvier 1813, sur l'exploitation des mines, lequel est ainsi conçu :

« Lorsqu'il y aura impossibilité de parvenir jusqu'au lieu où se trouvent
« les corps des ouvriers qui auront péri dans les travaux, les exploitants,
« directeurs et autres ayants cause seront tenus de faire constater cette
« circonstance par le maire ou autre officier public qui en dressera procès-
« verbal et le transmettra au procureur de la République à la diligence
« duquel, sur l'autorisation du tribunal, cet acte sera annexé au registre de
« l'état civil. »

En résumé, lorsque les cadavres des victimes de l'accident
ne peuvent être retrouvés, le procès-verbal de l'officier de police
judiciaire est transmis au procureur de la République et devient,
en vertu d'un jugement du tribunal, une sorte d'acte de décès
collectif.

CHAPITRE VI.

AUDITION DES TÉMOINS.

« Les officiers de police judiciaire reçoivent les déclarations des person-
« nes présentes ou qui auraient des renseignements à donner..., en se con-
« formant aux articles... 33... du Code d'instruction criminelle » (art. 116,
C. J. M.).

Conformément à cet article 33 du Code d'instruction criminelle,
ils peuvent aussi appeler à leur procès-verbal « les parents, voisins
ou domestiques, présumés en état de fournir des éclaircissements ».
Les personnes que l'officier de police judiciaire croit utile d'entendre dans son enquête n'ont pas à recevoir de *citation* légale entraînant, en cas de refus de comparaître ou de déposer, une pénalité
quelconque; elles doivent être appelées par un simple avis verbal
ou écrit. Rarement, elles refuseront de répondre à cet appel; mais,
le cas échéant, l'officier de police judiciaire inscrirait à son procès-
verbal tout refus de cette nature, les conditions dans lesquelles il se
serait produit, ainsi que les motifs invoqués pour le justifier. Enfin,
il va de soi que si les personnes appelées appartiennent à la marine,
ordre peut leur être donné par leurs chefs hiérarchiques de comparaître et de témoigner sous peine de mesures disciplinaires (Circ.
min., 14 mai 1903).
Les officiers de police judiciaire reçoivent, non des témoignages,
mais de simples *déclarations*, destinées à faciliter plus tard les recherches de la justice; ils n'ont donc pas, en principe, à faire prêter

aux personnes appelées par eux le serment de « dire toute la vérité, rien que la vérité », qui n'est imposé qu'aux témoins déposant devant le magistrat instructeur (art. 75, C. I. Cr. et 132, C. J. M.). Toutefois, hors du port chef-lieu (dans les établissements hors des ports par exemple), il importe, pour éviter des frais, de demander le serment aux personnes convoquées et, si elles le prêtent, de le mentionner expressément au procès-verbal. L'article 134 du Code de justice maritime, qui permet au rapporteur du conseil de guerre ou du tribunal maritime de ne pas entendre à nouveau les témoins dont les déclarations auront été recueillies avant l'ordre d'informer par un officier de police judiciaire, ne s'applique en effet qu'aux déclarations faites sous serment et offrant ainsi les mêmes garanties que les témoignages faits devant le rapporteur lui-même (Circ. min., 14 mai 1903).

Les personnes convoquées par l'officier de police judiciaire doivent être entendues hors de la présence des autres témoins et de l'inculpé. Après leur avoir demandé leurs nom, prénoms, âge, état, profession, demeure, si elles sont domestiques, parentes ou alliées de l'inculpé et à quel degré, l'officier de police judiciaire leur fait prêter, s'il y a lieu, le serment dont il a été question plus haut, puis les invite à faire leurs déclarations. Au cas où le déclarant ne parlerait pas le français, l'officier de police judiciaire désignerait, dans le personnel de la marine autant que possible, un interprète âgé d'au moins 21 ans et auquel il ferait prêter le serment préalable de remplir fidèlement sa mission.

Le déclarant doit déposer oralement, sans le secours de mémoires ou de notes. Il doit faire lui-même le récit des faits et circonstances sur lesquels il est appelé à renseigner la justice. Son audition ne peut donc avoir lieu sous forme d'interrogatoire, car, à la différence de l'audition, qui suppose une déclaration spontanée, l'interrogatoire suppose une déposition à laquelle le comparant a été conduit par les questions qu'on lui a posées et qui peut être l'expression de la surprise et de l'embarras, aussi bien que de la vérité. C'est seulement après que le témoin a achevé son récit qu'on peut lui poser des questions afin d'attirer son attention sur les détails qu'il aurait omis ou de lui préciser des points obscurs. C'est à ce moment enfin qu'on lui présente les pièces à conviction, s'il en existe, qu'on lui pose à leur sujet toutes les questions jugées utiles et qu'on le confronte, soit avec les autres témoins, soit avec l'inculpé, si cette mesure paraît nécessaire à la manifestation de la vérité.

Les déclarations, en tête desquelles doivent toujours figurer les nom, prénoms, âge, qualité et domicile du déposant et, s'il y a lieu, la mention du serment qu'il a prêté, sont relatées, le plus fidèlement possible, dans un procès-verbal dit *d'information* qui est écrit, en sa présence, par le greffier, sous la dictée de l'officier de police judiciaire. Cette dictée terminée, le greffier donne lecture de la déposition, et le déclarant est interpellé sur le point de savoir s'il y persiste, c'est-à-dire si les termes employés reproduisent bien sa pensée. S'il a quelque addition ou modification à faire, on doit immédiatement lui donner satisfaction. Le procès-verbal d'information est clos par la signature de l'officier de police judiciaire, du greffier et du déclarant, après mention que lecture en a été donnée à celui-ci et qu'il a déclaré son dire exactement transcrit.

Indépendamment des signatures apposées pour clôturer, il est nécessaire de renouveler cette formalité au bas de chaque feuillet. Quand le déclarant ne sait ou ne veut pas signer, il en est fait mention au procès-verbal (art. 122, C. J. M.).

CHAPITRE VII.

SAISIE DES PIÈCES A CONVICTION.

« Les officiers de police judiciaire se saisissent des armes, papiers et « pièces tant à charge qu'à décharge et, en général, de tout ce qui peut « servir à la manifestation de la vérité..., en se conformant aux articles... 36, « 37, 38, 39... du Code d'instruction criminelle » (art. 116, C. J. M.).

Les officiers de police judiciaire doivent saisir sur le lieu de l'infraction, sur la personne ou au domicile de l'inculpé, ou ailleurs (sous les réserves formulées au chapitre ci-après), les armes, instruments, tout ce qui paraît avoir été destiné ou avoir servi à commettre le crime ou le délit, tout ce qui paraît en être le produit, en un mot, tous les objets qui peuvent être utiles à la manifestation de la vérité et servir de pièces à conviction ou à décharge.

Les objets saisis doivent être clos et cachetés, si faire se peut; s'ils ne sont pas susceptibles de recevoir des caractères d'écriture, ils sont mis dans un vase, une caisse ou un sac, sur lequel l'officier de police judiciaire attache une bande de papier qu'il scelle de son sceau (art. 38, C. I. Cr. et 116, C. J. M.). Ces bandes de papier ne doivent pas être apposées comme de simples étiquettes; il faut qu'elles soient disposées de manière à rendre impossible toute extraction, toute substitution. Si le récipient a un orifice étroit, comme une bouteille, on appose, en outre, le cachet sur l'orifice même. Toutes les fois que l'inculpé est présent, les objets saisis lui sont représentés pour qu'il les reconnaisse et les parafe, s'il y a lieu; en cas de refus de sa part, il en est fait mention au procès-verbal (art. 39, C. I. Cr. et 116, C. J. M.).

La *saisie des papiers* comporte des explications spéciales :

Tout d'abord, il faut remarquer que le mot « papiers » est un terme très général, qui englobe aussi bien les imprimés que les manuscrits, sans excepter les lettres missives et les télégrammes.

Les papiers à saisir sont, d'abord, ceux qui contiennent soit le corps même du délit (comme les actes et pièces argués de faux), soit l'aveu ou la preuve de ce délit; mais il convient de saisir également tous ceux qui ont une corrélation quelconque avec le fait incriminé, pourvu qu'ils soient, comme le veut la loi (art. 116, C. J. M.), *à charge* ou *à décharge*. L'opération doit, d'ailleurs, être conduite avec tous les ménagements propres à sauvegarder les lettres, les actes, les secrets de famille qui ne se rattachent pas au fait incriminé et auxquels, dès lors, la justice n'a pas le droit de toucher.

En dehors des papiers trouvés sur l'inculpé lui-même ou à son domicile, l'officier de police judiciaire saisira ceux abandonnés sur le lieu de l'infraction ou qui lui seront remis volontairement par des tierces personnes; mais il devra, en règle générale, s'abstenir d'opérer en d'autres lieux et, notamment, dans les bureaux de poste. La saisie dans ces bureaux de lettres ou de télégrammes adressés à l'inculpé ou expédiés par lui est, en effet, une opération délicate qu'il vaut mieux réserver au magistrat chargé de l'information. S'il y avait, vu l'urgence, nécessité absolue d'y procéder, l'officier de police judiciaire adresserait au receveur des postes une réquisition visant l'article 117 du Code maritime et la circulaire du Ministre de l'intérieur du 21 février 1854 qui oblige les receveurs à mettre à la disposition de la justice, sans restriction ni réserve, toutes les lettres et télégrammes se trouvant dans leur bureau.

Les papiers saisis, quelle qu'en soit la nature, sont parafés à chaque page par l'officier de police judiciaire, puis annexés au procès-verbal.

Les saisies font l'objet d'un procès-verbal distinct ou sont relatées au procès-verbal de constat du corps du délit et de l'état des lieux. Quelle que soit la forme employée, les objets saisis doivent être inventoriés et décrits d'une façon assez précise pour qu'on puisse en avoir une idée complète, dans le cas où ils viendraient à disparaître par suite d'une circonstance quelconque. En cas de saisie d'une pièce arguée de faux, les détails les plus minutieux devraient être donnés sur son état matériel, le nombre de ses lignes et de ses mots, les ratures et renvois, s'il en existe, les interlignes, les surcharges et les blancs. (F. Hélie, *Instruction criminelle*.) Comme tous les procès-verbaux de police judiciaire maritime, le procès-verbal de saisie doit être signé par l'officier de police judiciaire et par les personnes qui ont assisté à l'opération, y compris l'inculpé; en cas de refus ou d'impossibilité de signer de la part de ces personnes, mention en est faite au procès-verbal (art. 122, C. J. M.).

Tant que le préfet maritime n'a pas statué sur la suite que comportent les actes et procès-verbaux de l'officier de police judiciaire, celui-ci demeure responsable des objets saisis et doit prendre, après en avoir, s'il y a lieu, référé à ses chefs, toutes les mesures de conservation qui pourraient être nécessaires.

Si les objets saisis sont d'un trop grand volume pour être déplacés, l'officier de police judiciaire peut les mettre sous la surveillance d'un gardien auquel il fait prêter serment entre ses mains. La formule en pourrait être : « Je jure sur mon honneur et ma conscience de conserver intact le dépôt qui m'est confié et de m'opposer de mon mieux à ce qu'il y soit fait changement par un moyen quelconque. »

Il sera fait mention au procès-verbal de la nomination du gardien, de la mission à lui confiée et du serment qu'il aurait prêté.

Les formalités édictées par la loi en matière de saisie des pièces pouvant servir à conviction ou a décharge ne sont pas prescrites *à peine de nullité* (Cass., 6 mai 1898 et 23 nov. 1901); mais, comme le prévenu peut tirer de leur inobservation un argument efficace pour sa défense, l'officier de police judiciaire doit s'y conformer le plus exactement possible.

CHAPITRE VIII.

ARRESTATION DE L'INCULPÉ [1].

« Dans les cas de flagrant délit, tout officier de police maritime..... peut
« faire saisir les marins ou militaires de l'armée de mer ou autres individus
« justiciables des conseils de guerre [2] inculpés d'un crime ou d'un délit. Il
« les fait conduire immédiatement devant l'autorité maritime, et dresse
« procès-verbal de l'arrestation, en y consignant leurs noms, qualités et
« signalements » (art. 117, C. J. M.).

Il résulte de ce texte : 1º que l'arrestation des inculpés dans le
cas de flagrant délit est, pour l'officier de police judiciaire, une
simple faculté et non une obligation ; 2º que cette faculté est limitée
au seul cas de *crime* ou *délit*. Une simple infraction à la discipline
ou aux consignes de l'arsenal, si elle n'est pas accompagnée d'un
délit (par exemple, d'outrages à l'adresse de l'officier de police judiciaire), ne peut donc pas motiver une arrestation.

Dans les affaires de la compétence des tribunaux ordinaires, le
procureur de la République et les officiers de police judiciaire qui
lui sont adjoints ne sont investis du droit d'arrestation que s'il y a
crime flagrant et s'il existe des indices graves contre l'inculpé (article 40, C. I. Cr.). Les officiers de police judiciaire maritime ont
donc, en cette matière, des droits plus étendus que les officiers de
police judiciaire ordinaires. Aussi doivent-ils se montrer attentifs et
circonspects avant d'user de cette prérogative qui, permettant de
porter atteinte au principe de la liberté individuelle, en même temps
qu'à la considération de la personne soupçonnée, réclame dans la
pratique de la modération, de la sagesse, de l'humanité, et parfois
certains ménagements.

Ils agiront même prudemment, s'ils éprouvent des doutes ou de
l'embarras à cause du grade, de la position ou de la nationalité du
délinquant, en faisant prévenir sur-le-champ le capitaine de frégate
aide-major, si le fait se produit dans l'intérieur de l'arsenal, leur

---

[1] L'*inculpé* est l'individu soupçonné d'un délit ou d'un crime ; il devient un *prévenu*
lorsque, les soupçons s'étant confirmés, il est mis à la disposition du magistrat chargé
de l'instruction ; sauf quand ils agissent en vertu d'une commission rogatoire, les officiers
de police judiciaire n'ont devant eux que des *inculpés* (voir art. 117, 118 et 119, C. J. M.).
[2] Ou des tribunaux maritimes (art. 197, C. J. M.).

chef de service ou le chef d'état-major de l'arrondissement, si le fait se produit partout ailleurs.

En attendant cette intervention supérieure, ils n'en procéderaient pas moins à tous actes de leur fonction judiciaire, et devraient s'efforcer d'obtenir, par la persuasion, que la personne en cause ne s'éloigne pas ou consente à se rendre avec eux auprès de l'autorité compétente. Une tentative de fuite de la part de cette personne justifierait pleinement alors sa prise de corps immédiate.

L'arrestation du délinquant, en flagrant délit, peut s'effectuer, sans formalités préalables, dans tous les lieux publics, ainsi que dans les établissements des services civils et militaires.

Pour l'opérer dans une maison particulière, il y aurait obligation de se conformer aux prescriptions de l'article 121 du Code de justice maritime, comme il est dit au chapitre X ci-après.

Quand ils ont à procéder pour l'arrestation d'un inculpé en flagrant délit, les officiers de police judiciaire maritime se trouvent investis, par le texte même de l'article 117 du Code de justice maritime, du pouvoir de requérir directement la force publique. (« Tout officier de police peut faire saisir, etc. »). Cette force comprend la gendarmerie, la troupe et les hommes isolés appartenant à n'importe quel corps militaire. Au besoin même, des ouvriers de l'arsenal pourraient être réclamés pour saisir le délinquant dans les établissements de la marine.

Les articles 234, 475 (12°) du Code pénal ordinaire, et le décret disciplinaire du 21 juin 1858 fourniraient, selon les cas, les moyens de réprimer toute opposition surgissant de la part des personnes ainsi requises. Aussi, cette opposition devrait-elle être, sur-le-champ, l'objet, soit d'un procès-verbal spécial, soit d'un appendice au procès-verbal général.

L'officier de police judiciaire ne doit pas se borner à faire une réquisition verbale, s'il y a opposition à son appel de concours. D'autre part, les personnes instituées gardiennes de l'inculpé, principalement lorsqu'elles ne sont plus sous la direction immédiate de l'officier de police judiciaire, doivent conserver par devers elles l'ordre écrit justifiant l'arrestation à laquelle elles coopèrent.

L'inculpé arrêté en flagrant délit doit être immédiatement conduit devant *l'autorité maritime* (art. 117, C. J. M.), c'est-à-dire devant l'une des autorités maritimes ayant compétence pour ordonner son dépôt à la prison du port, par application de l'article 30 du décret du 7 avril 1873, ainsi conçu :

« Nul individu ne peut être reçu dans une prison maritime sans « un ordre écrit signé soit par le préfet maritime, soit par le chef de « corps, de service ou de détail. »

A l'égard de tous individus arrêtés *dans l'intérieur de l'arsenal*, le chef de service compétent pour statuer sur l'arrestation est le major général, lequel est chargé, d'après les décrets et règlements en vigueur, de la police générale de cet établissement (Dép. min., 6 juin 1908).

A l'égard des individus arrêtés en flagrant délit *hors de l'arsenal*, une distinction s'impose.

S'il est officier, fonctionnaire ou employé, l'individu arrêté hors de l'arsenal doit être conduit devant le chef d'état-major de l'arrondissement lequel, ayant autorité, quant à la discipline générale, sur les officiers, fonctionnaires et employés de tous les corps de la marine sans exception, en service dans l'arrondissement (art. 8 du décret du 10 novembre 1894), peut être considéré comme leur « chef de service », au sens que ce mot comporte dans l'article 30 du décret de 1873.

S'il n'est pas officier, fonctionnaire ou employé, mais s'il appartient au corps des équipages de la flotte ou à un autre corps militaire de la marine (vétérans, pompiers, etc...), l'inculpé arrêté en flagrant délit hors de l'arsenal doit être conduit devant son chef de corps ou de service (commandant de dépôt, de bâtiment, directeur des mouvements du port, etc...), qui l'envoie à la prison maritime ou le maintient en état d'arrestation dans les locaux disciplinaires du corps jusqu'à ce que le préfet maritime ait décidé de la suite à donner aux procès-verbaux de l'officier de police judiciaire.

Enfin, ce dernier peut, de lui-même et sans recourir à une autorité intermédiaire, ordonner l'admission de l'inculpé à la prison maritime en vertu de l'article 31 du décret de 1873, commenté par une circulaire du 7 août de la même année et ainsi conçu : « En cas de « flagrant délit, l'admission a lieu provisoirement, sauf à être régu- « larisée dans les vingt-quatre heures par le magistrat compétent. » Mais il est préférable, toutes les fois que cela est possible, de se conformer strictement aux prescriptions de l'article 117 du Code, qui exige la comparution de l'inculpé devant l'autorité maritime supérieure.

La prison maritime étant fermée la nuit, tous les individus arrêtés pendant la période comprise entre le coup de canon de retraite et celui de diane sont déposés dans le poste militaire le plus voisin (art. 29, § 2, D. du 7 avril 1873) jusqu'au moment où les formalités relatives à leur incarcération peuvent être accomplies.

Hors du port chef-lieu, par exemple, dans les établissements de Ruelle, Guérigny et Indret, on doit, à défaut de prison maritime, garder l'inculpé à vue jusqu'à ce que le préfet maritime, avisé télégraphiquement, ait donné l'ordre d'informer et mis ainsi le rapporteur en mesure de lancer, également par la voie télégraphique, un mandat d'amener contre le délinquant (Dép. min. 28 août 1904).

Toute arrestation doit faire l'objet d'un procès-verbal contenant les nom, qualité et signalement de l'inculpé (art. 117, C. J. M.). On doit, bien entendu, y relater, en outre, les conditions dans lesquelles l'arrestation a été effectuée et tout ce qui est susceptible d'éclairer la justice, eu égard à la personne de l'inculpé : ses vêtements, ce qui serait trouvé en sa possession, ses premières paroles, son état physique et moral ; ce qui nécessite, il faut le remarquer en passant, une surveillance attentive sur l'inculpé, dans les premiers moments de son arrestation.

« Hors le cas de flagrant délit, tout marin, tout militaire ou autre indi-
« vidu justiciable des conseils de guerre[1], en activité de service, inculpé d'un
« crime ou d'un délit, ne peut être arrêté qu'en vertu de l'ordre de ses
« supérieurs » (art. 118, C. J. M.).

Les officiers de police judiciaire maritime, en dehors des droits dont ils seraient spécialement investis, en raison de leur grade et de leurs fonctions (selon les décrets d'organisation concernant chacun d'eux), n'ont pas qualité pour ordonner une arrestation, *hors des cas de flagrant délit*. En conséquence, lorsqu'ils auront découvert ou appris qu'une personne appartenant à l'un des services de la marine a paru avoir été l'auteur d'un crime ou d'un délit, et que l'enquête dirigée par eux à ce sujet n'aura fait qu'asseoir plus

---

[1] Ou des tribunaux maritimes (art. 197, C. J. M.)

solidement les soupçons éveillés, ils se hâteront de transmettre leurs procès-verbaux à qui de droit, afin que l'autorité, saisie de la sorte, puisse provoquer ou ordonner les mesures préventives nécessaires.

Si l'inculpé était de la classe des individus étrangers au service de la marine, l'arrestation, hors le cas de flagrant délit, ne saurait être non plus ordonnée par un simple officier de police judiciaire; il y aurait alors, à plus forte raison, urgence à faire parvenir les procès-verbaux de la police judiciaire à l'autorité maritime chargée de donner suite à l'affaire.

Néanmoins, les officiers de police judiciaire, dans le cours de leurs enquêtes, pour constater les crimes, délits et contraventions, et en rechercher les auteurs pour les livrer à la justice, ne sont pas absolument désarmés vis-à-vis des individus sous le coup d'inculpations. Il leur sera toujours loisible de les appeler à se rendre volontairement devant eux, et même de lancer contre eux un mandat de comparution. Si les mandés se présentent, ils sont entendus et questionnés au besoin. Si, sans motif plausible, un individu déjà soupçonné d'être l'auteur d'une infraction se dérobait devant les investigations, sa situation s'aggraverait d'autant; et l'officier de police judiciaire ne devrait pas perdre un instant pour aviser son chef de service, afin que, selon les cas, celui-ci rendît compte sur-le-champ au préfet maritime de l'affaire.

CHAPITRE IX.

INTERROGATOIRE DE L'INCULPÉ, CONFRONTATIONS.

Alors que le Code d'instruction criminelle autorise le procureur de la République et certains officiers de police judiciaire ordinaire à interroger l'inculpé saisi en flagrant délit, les Codes de justice militaire et maritime ne font aucune mention de l'interrogatoire de l'inculpé, si ce n'est au cours de l'instruction proprement dite. Il est admis cependant que les officiers de police judiciaire militaire et maritime peuvent, au cours de l'enquête préliminaire dont ils sont chargés, interroger l'inculpé sur les mobiles et circonstances du fait à lui reproché, le confronter, si besoin est, avec les témoins, et chercher à obtenir ses aveux.

Les pouvoirs qu'un usage constant, à défaut de texte précis, reconnaît en cette matière à tous les officiers de police judiciaire militaire et maritime ont été restreints, il y a quelques années, par des instructions ministérielles qui fixent limitativement les cas où ces officiers peuvent procéder à l'interrogatoire de l'inculpé.

Ces instructions, qui portent, pour l'armée de terre, la date du 23 février 1903 et, pour la marine, celle du 14 mai suivant, recommandent aux officiers de police judiciaire de s'inspirer le plus possible, pendant leurs enquêtes, des règles protectrices du droit de la défense auxquelles est soumise, par les lois du 8 décembre 1897 et du 15 juin 1899, l'instruction proprement dite, et, pour cela, de s'abstenir de tout acte qui, comme les interrogatoires et les confrontations, tend, plus ou moins directement, à provoquer des aveux.

Toutefois, comme les garanties accordées à la défense ne sauraient avoir pour conséquence de faire disparaître la preuve matérielle d'un crime ou d'un délit, les instructions précitées autorisent l'officier de police judiciaire à procéder à un interrogatoire et à des confrontations dans les cas suivants :

1° S'il s'est transporté sur les lieux en cas de *flagrant délit ;*

2° S'il y a *urgence* résultant soit de l'état d'un témoin en danger de mort, soit sur l'existence d'indices sur le point de disparaître.

Dans ces divers cas, l'officier de police judiciaire peut procéder, s'il le juge utile, à un interrogatoire et à des confrontations ; mais alors il doit mentionner expressément dans son procès-verbal celui des cas ci-dessus qui motive ses opérations et se conformer aux règles suivantes qui sont contenues pour la plupart dans l'article 131 du Code de justice maritime, relatif à l'interrogatoire du prévenu par le rapporteur :

Afin d'établir l'identité de l'inculpé, formalité qui sert de base à toute la procédure, il convient, avant tout, de l'interroger sur ses nom, prénoms, âge, lieu de naissance, profession et domicile ; s'il ne parle pas le français, on lui désigne un interprète (voir *supra*, page 477).

L'identité de l'inculpé une fois établie (après confrontation avec les personnes qui le connaissent, si besoin est,) on lui donne connaissance de l'infraction dont il semble avoir été l'auteur, puis on lui pose des questions claires et précises sur les circonstances qui ont précédé ou provoqué, accompagné ou suivi ladite infraction, ainsi que sur les motifs qui l'on conduit à la commettre [1]. Les questions longues, circonstanciées et diffuses doivent être évitées. D'autre part, on doit se garder de tout ce qui peut porter atteinte à la dignité du caractère dont l'officier de police judiciaire est revêtu par la loi. Pousser l'inculpé dans la voie des aveux en usant de menaces ou, au contraire, en lui promettant soit l'impunité, soit une diminution de peine, alléguer faussement des déclarations de témoins ou l'aveu d'un complice, faire usage d'un détour, d'une réticence, en un mot, tendre un piège à l'inculpé, sont des procédés blâmables auxquels on ne doit recourir sous aucun prétexte.

Au cours de l'interrogatoire, les pièces à conviction, s'il en existe, sont représentées à l'inculpé pour qu'il ait à déclarer s'il les reconnaît.

L'interrogatoire fini, il en est donné lecture à l'inculpé afin qu'il déclare si ses réponses ont été fidèlement transcrites, si elles contiennent la vérité et s'il y persiste.

Le procès-verbal d'interrogatoire est alors signé par l'inculpé, puis clos par la signature de l'officier de police judiciaire et de son greffier ; si l'inculpé refuse de signer, mention est faite de son refus.

L'interrogatoire doit avoir lieu hors la présence du plaignant, des témoins et de toute personne autre que l'officier de police judiciaire, son greffier et l'interprète, s'il en a été nommé un. S'il y a plusieurs inculpés, ils sont interrogés séparément. Dans le cas où il serait utile de confronter les témoins et l'inculpé, ou les divers inculpés entre eux, cette opération aurait lieu soit au cours de l'interrogatoire, soit après.

Enfin, rien ne s'oppose à ce que l'interrogatoire soit fractionné ou que l'inculpé soit soumis à plusieurs interrogatoires, si l'officier de police judiciaire le juge utile.

En dehors des cas d'urgence et de flagrant délit visés plus haut, l'officier de police judiciaire doit, après avoir constaté l'iden-

---

[1] En aucun cas et sous aucun prétexte, on ne doit faire prêter serment à l'inculpé, ce qui le mettrait dans la cruelle nécessité de choisir entre sa parole et le souci de sa défense. Mais il n'est pas interdit d'interroger, à titre d'inculpé, le témoin qui a été entendu sous la foi du serment, si, de sa déposition résultent, contre lui, des soupçons tels qu'il ne peut plus être considéré comme témoin (Cass. 28 juillet 1899).

tité de l'inculpé, inviter celui-ci à faire ses déclarations tout en l'avertissant *formellement* qu'il est libre de n'en pas faire.

Quand l'inculpé déclare ne pas vouloir faire de déclarations, il ne faut ni l'interroger ni le soumettre à des confrontations autres que celles qui seraient nécessaires pour établir son identité, s'il la conteste, ni accomplir aucun autre acte susceptible de provoquer son aveu. Ainsi, on peut bien citer des témoins pour déclarer, en sa présence, qu'il est bien le nommé X....., mais il y aurait abus si l'on voulait faire attester par le témoin que l'individu avec lequel il est confronté est bien celui qu'il a vu dans telle ou telle circonstance se rapportant à l'infraction commise.

De même, si l'officier de police judiciaire peut et doit, nonobstant le refus de l'inculpé de faire des déclarations, procéder, suivant les prescriptions du paragraphe 2 de l'article 116 du Code maritime, à la constatation du corps du délit et de l'état des lieux, il ne saurait, sous ce prétexte, mettre, par exemple, en cas de meurtre, l'inculpé en présence de la victime, ou le conduire sur le lieu du crime, car ce serait là un moyen détourné d'obtenir de lui des aveux spontanés, ou tout au moins de provoquer de sa part des manifestations, des mouvements parfois aussi significatifs qu'un aveu.

Si, au contraire, l'inculpé accepte de faire des déclarations, il est interrogé et même, s'il y consent, confronté avec les personnes que l'officier de police judiciaire croit utile d'entendre ; mais si, par la suite, il revient sur son acceptation et annonce qu'il ne veut plus faire de déclarations, le procès-verbal en fait mention et l'opération d'interrogatoire ou de confrontation en cours est aussitôt arrêtée.

L'inculpé ne peut, dans aucun cas, être autorisé à se faire assister d'un défenseur pendant l'enquête de police judiciaire ; mais il peut, en dehors des interrogatoires et autres opérations de police judiciaire auxquelles il assiste, communiquer verbalement ou par écrit avec un conseil, sans aucune restriction, s'il est libre, dans la mesure où les visites et correspondances lui sont permises, s'il a été mis en état d'arrestation (Circ. min. 14 mai 1903).

L'inobservation des recommandations contenues dans la circulaire ministérielle du 14 mai 1903 expose à des observations ou à un blâme l'officier de police judiciaire qui les aurait enfreintes sciemment et sans motif plausible, mais elle ne saurait entraîner la nullité de la procédure. Il ne peut, en effet, y avoir nullité que s'il y a eu violation d'une loi. Or, la loi du 8 décembre 1897, qui a inspiré la circulaire de 1903, laisse en dehors de son action les actes de police judiciaire et régit uniquement les actes faits pendant l'instruction proprement dite, c'est-à-dire après que l'ordre d'informer a été donné (Cass., 12 novembre 1908).

CHAPITRE X.

PERQUISITIONS, VISITES DOMICILIAIRES.

La recherche et la saisie des pièces à conviction, l'arrestation de l'inculpé et autres actes de police judiciaire peuvent conduire l'officier de police judiciaire maritime à pénétrer, pour y perquisitionner, dans un local sur lequel le Département de la marine n'a pas d'action. Les formalités qu'il doit alors remplir sont indiquées par les articles 119 et 121 du Code de justice maritime qui visent, le premier, les perquisitions dans les *établissements publics*, le second, les perquisitions dans les *maisons particulières* ou *visites domiciliaires*.

« Lorsque l'autorité maritime est appelée, hors le cas de flagrant délit, à « constater, dans un établissement civil, un crime ou un délit de la compétence « des conseils de guerre [1] ou à y faire arrêter un de ses justiciables, elle « adresse à l'autorité civile ou judiciaire compétente, ses réquisitions tendant, « soit à obtenir l'entrée de cet établissement, soit à assurer l'arrestation de « l'inculpé.

« Lorsqu'il s'agit d'un établissement militaire, la réquisition est adressée à « l'autorité militaire.

« L'autorité judiciaire ordinaire ou l'autorité militaire est tenue de déférer « à ces réquisitions et, dans le cas de conflit, de s'assurer de la personne de « l'inculpé » (art. 119, C. J. M.).

Donc, *s'il y a flagrant délit*, l'officier de police judiciaire maritime peut pénétrer dans tout établissement public où les nécessités de son enquête l'appellent, quelle que soit l'administration dont cet établissement relève. Bien que la loi ne l'y oblige pas, il doit, dès son arrivée, aviser de sa présence le chef de l'établissement ; c'est là une question de haute convenance qui doit toujours être observée, même quand l'établissement appartient à la marine. S'il rencontrait

[1] Ou des tribunaux maritimes (art. 197, C. J. M.).

un obstacle dans l'accomplissement de sa mission, si, par exemple, il se voyait interdire par un chef de corps l'entrée d'une caserne, il ne devrait pas insister, mais dresser procès-verbal de l'incident et se retirer.

Hors le cas de flagrant délit, l'officier de police judiciaire maritime ne peut pénétrer, librement et sans formalités préalables, que dans les établissements de la marine, car ceux-là, qu'il s'agisse de casernes, de magasins, d'ateliers ou même de navires, doivent toujours lui être largement ouverts. On ne saurait même lui interdire, sans abus de pouvoir, l'accès d'un bâtiment faisant partie d'une force navale et momentanément amarré dans l'arsenal, attendu que les bâtiments non soumis, en temps ordinaire, à l'autorité du préfet maritime, dépendent, aussi longtemps qu'ils séjournent dans l'arsenal, de cet officier général, tant pour l'exécution des consignes relatives à la police intérieure et à la sécurité de l'arsenal, que pour la répression des faits délictueux ou criminels du ressort des conseils de guerre ou des tribunaux maritimes de l'arrondissement (art. 5, décret du 16 avril 1902).

Par contre, l'entrée des établissements civils et militaires est subordonnée, pour l'officier de police judiciaire maritime agissant hors le cas de flagrant délit, à une *réquisition* formelle qu'il doit adresser à l'autorité dont cet établissement relève. Pour les établissements civils, ce sera le plus souvent au préfet, au sous-préfet, au procureur de la République ou au maire de la localité qu'il faudra envoyer la réquisition; pour les établissements militaires, elle serait remise au commandant d'armes (art. 173, décret du 4 octobre 1891).

Une fois introduit dans l'établissement, l'officier de police judiciaire devra se faire accompagner, dans ses recherches, par le chef de l'établissement, ou par l'agent que celui-ci désignera.

Il est, en effet, opportun et convenable que le chef de l'établissement prouve, par sa présence, la légalité de la mission de l'officier de police judiciaire; qu'il l'accompagne dans ses investigations et dans ses recherches; qu'il lui facilite, par tous les moyens dont il dispose, l'accomplissement de son mandat et le fasse respecter et obéir, dans les limites de sa mission, par tous ceux qui se trouvent dans l'établissement.

Mais si le chef de l'établissement, ou à son défaut, l'un de ses agents, se refusait à accompagner l'officier de police judiciaire, celui-ci passerait outre.

Le chef de l'établissement, ou la personne qui le représente, doit, de plus, signer les procès-verbaux dressés en sa présence, et, en cas de refus ou d'impossibilité à cet égard, mention en est faite en clôturant ces actes (art. 122, C. J. M.).

« Les officiers de police judiciaire maritime ne peuvent s'introduire dans « une maison particulière si ce n'est avec l'assistance, soit du juge de paix, « soit de son suppléant, soit du maire, soit de son adjoint, soit du commis- « saire de police » (art. 121, C. J. M.).

Le domicile de tout citoyen est un asile inviolable et nul ne peut, sans commettre un délit punissable d'emprisonnement et d'amende, s'y introduire contre le gré de celui qui l'occupe, si ce n'est dans les cas prévus par la loi et selon les formes qu'elle a prescrites (art. 184, C. P.).

Toutes les prescriptions de la loi, en matière de visites domiciliaires, ont trait au *temps*, au *lieu* et aux *formes* de ces visites.

Les *formes* de la visite domiciliaire, quand elle est opérée par un officier de police judiciaire maritime, sont tracées par l'article 121, ci-dessus reproduit, du Code de justice maritime; elles consistent essentiellement dans l'assistance obligatoire d'un officier de police judiciaire ordinaire (maire, commissaire de police, etc...), requis verbalement ou par écrit. Dans les ports militaires, c'est au commissaire de police, dit « commissaire spécial », et qui est mis par le ministère de l'intérieur à la disposition de la marine, que la réquisition doit être adressée de préférence.

Le *temps* pendant lequel les visites domiciliaires peuvent avoir lieu est limité à la période de jour. Pendant la nuit, c'est-à-dire depuis le 1er octobre jusqu'au 31 mars, entre 6 heures du soir et 6 heures du matin, et depuis le 1er avril jusqu'au 30 septembre, de 9 heures du soir à 4 heures du matin, les perquisitions sont interdites. Pendant ce laps de temps, comme toutes les fois, du reste, que l'introduction en un domicile privé n'est pas immédiatement praticable, on peut seulement faire investir la maison et prendre les précautions nécessaires pour empêcher l'évasion de l'inculpé ou le détournement des objets que l'on veut saisir. Cependant, si la perquisition a été commencée le jour, on peut la continuer la nuit, parce qu'alors ce n'est pas de nuit qu'on a pénétré dans un domicile privé : le vœu de la loi est donc rempli.

Le *lieu* de la visite ne peut être que le domicile de l'inculpé, tout au moins quand la visite a pour objet la recherche de pièces à conviction; cela résulte formellement de l'article 36 du Code d'instruction criminelle, auquel l'article 116 (dernier alinéa) du Code de justice maritime prescrit de se conformer. Le législateur a pensé que le droit des officiers de police judiciaire devait être circonscrit à la maison de l'inculpé; l'étendre au domicile des autres citoyens eût été livrer cet intérieur privé à des investigations vexatoires et le plus souvent inutiles. Lorsqu'il s'agit, non plus de saisir des pièces à conviction, mais d'arrêter l'auteur d'un flagrant délit, les officiers de police judiciaire maritime auraient peut-être, en l'absence de toute restriction dans l'article 117 du Code de justice maritime, le droit strict de s'introduire dans le domicile des tiers ; mais ils ne devraient recourir à cette mesure extrême qu'avec l'approbation de leurs chefs, et le mieux sera pour eux de se borner à surveiller ou faire surveiller la maison suspecte.

On peut, bien entendu, perquisitionner dans les divers logements de l'inculpé, s'il en a plusieurs, ainsi qu'au domicile de ses complices, puisque ceux-ci sont, comme lui, des inculpés.

Enfin, les établissements ouverts à tout venant, tels que cabarets, cafés, théâtres, de même que les maisons notoirement destinées à la prostitution, ne peuvent pas être considérés comme des domiciles privés et sont par suite sujets aux perquisitions tant que leur entrée demeure libre pour le public.

L'inobservation des conditions de forme, de temps et de lieu auxquelles les visites domiciliaires sont assujetties ne devient délictueuse que quand la visite a eu lieu contre le gré du citoyen chez lequel on s'est introduit. Dès lors qu'il ne s'y est pas opposé, il a acquiescé à l'opération judiciaire accomplie dans son domicile. Mais, dans ce cas exceptionnel, il serait indispensable de mentionner au procès-verbal les conditions particulières dans lesquelles la perquisition a eu lieu et de faire signer cette mention par l'intéressé.

Une remarque importante pour terminer ce chapitre. Le droit de procéder à des visites domiciliaires implique celui de faire et d'ordonner tout ce qui est nécessaire pour que le but de la visite soit atteint. L'officier de police judiciaire peut donc faire ouvrir de force, en requérant au besoin l'assistance d'ouvriers spéciaux, les locaux dans lesquels il veut pénétrer et tous les meubles qui s'y trouvent.

CHAPITRE XI.

PROCÈS-VERBAUX DE POLICE JUDICIAIRE MARITIME.

On donne le nom de *procès-verbaux* aux écrits par lesquels les agents de l'autorité et de la force publique rendent compte de ce qu'ils ont vu, entendu ou fait dans l'exercice de leurs fonctions.

En matière de police judiciaire, ce sont spécialement les actes par lesquels les officiers de police judiciaire rendent compte des plaintes et dénonciations qu'ils ont reçues, des constatations qu'ils ont faites, des informations qu'ils ont recueillies, des saisies et arrestations qu'ils ont ordonnées, des interrogatoires et confrontations auxquels ils ont procédé pendant leur enquête.

Dans le silence du Code de justice maritime, qui ne parle des procès-verbaux de police judiciaire qu'au point de vue de leur signature et de leur transmission à l'autorité supérieure, c'est à l'usage et au Code d'instruction criminelle qu'on doit emprunter les règles de fond et de forme à observer en cette matière.

Forme des procès-verbaux. — Les procès-verbaux de police judiciaire maritime sont écrits sur *papier libre* et non sur papier timbré, attendu qu'ils ne sont pas soumis au timbre, ni d'ailleurs à l'enregistrement. Un tiers au moins de la feuille employée doit être réservé à la marge, celle-ci étant indispensable, notamment pour les ratures et renvois.

Les officiers de police judiciaire doivent, en général, écrire eux-mêmes leurs procès-verbaux ; mais il ne leur est nullement interdit, surtout quand le procès-verbal doit être volumineux, de se faire assister d'un *greffier* âgé de 25 ans au moins et auquel ils font préalablement prêter serment de bien et fidèlement remplir sa fonction. Dans les enquêtes de police judiciaire maritime, on doit, sauf impossibilité, désigner un greffier lorsqu'il s'agit de recueillir les déclarations des témoins, et cela, pour permettre l'application éventuelle de l'article 134 du Code de justice maritime ainsi conçu : « Si les décla-
« rations ont été recueillies par..... un officier de police judiciaire

« avant l'ordre d'informer, le rapporteur peut se dispenser d'en-
« tendre ou de faire entendre les témoins qui auront déjà déposé. »
Cette dispense ne peut, en effet, s'appliquer qu'aux témoins entendus
par l'officier de police judiciaire dans les formes et avec les garanties imposées par la loi au rapporteur lui-même, c'est-à-dire en
présence d'un greffier (Circ. min. 14 mai 1903). Mais pour les procès-
verbaux de constat, d'arrestation et, d'une manière générale, toutes
les fois que l'article 134 précité est hors de cause, l'assistance d'un
greffier n'est pas indispensable.

La personne désignée pour remplir les fonctions de greffier et qui
sera généralement un des subordonnés de l'officier de police judiciaire doit, d'ailleurs, se borner à tenir la plume. S'agit-il, par
exemple, d'un interrogatoire : l'officier de police judiciaire pose les
questions à l'inculpé, puis, quand celui-ci a répondu, le greffier,
sous la dictée de l'officier de police judiciaire, écrit tout à la fois la
question et la réponse. S'agit-il de recevoir une déclaration de
témoin, l'officier de police judiciaire, après avoir entendu le déclarant, dicte, en présence de celui-ci, sa déposition au greffier. En
aucun cas, le soin de rédiger le procès-verbal ne doit être laissé au
greffier, dont le rôle est exclusivement passif.

A la question de l'écriture des procès-verbaux se rattache étroi-
tement celle des *ratures*, *renvois*, *surcharges* et *interlignes*. Tous
ces changements au texte primitif doivent être approuvés et de plus
signés, ou tout au moins parafés, par l'officier de police judiciaire,
le greffier et la personne dont le procès-verbal reproduit les paroles.
Dans la pratique, les mots rayés nuls sont numérotés, puis approuvés en bloc à la fin du procès-verbal ; au contraire, les mots ajoutés
(renvois) sont écrits, approuvés et parafés en marge.

Si l'officier de police judiciaire peut ne pas écrire lui-même son
procès-verbal, il ne peut pas s'abstenir de le signer, car c'est sa
signature qui imprime à l'acte toute sa force et son autorité.

« Chaque feuillet du procès-verbal dressé par un officier de police judi-
« ciaire maritime est signé par lui et par les personnes qui ont assisté au
« procès-verbal. En cas de refus ou d'impossibilité de signer de la part de
« celles-ci, il en est fait mention » (art. 122, C. J. M.).

Avec la signature de l'officier de police judiciaire, la loi exige
donc, comme surcroît de garantie, celle de toute personne ayant
assisté aux opérations décrites au procès-verbal.

On ne doit pas établir plusieurs expéditions des procès-verbaux de police judiciaire. Outre que le temps manquerait, dans bien des cas, pour les recopier, vu qu'ils doivent être transmis *sans délai* à l'autorité supérieure (art. 127, C. J. M.), leur communication à d'autres personnes qu'à celles ayant qualité pour en prendre connaissance pourrait donner lieu à des indiscrétions ou à des interventions gênantes.

Habituellement, chaque opération de police judiciaire fait l'objet d'un procès-verbal distinct ; mais rien n'empêche de comprendre plusieurs opérations, telles que la constatation du corps du délit et de l'état des lieux, la saisie des pièces à conviction, l'interrogatoire et l'arrestation de l'inculpé, dans un procès-verbal unique, surtout lorsqu'elles se sont succédé sans désemparer. Aucune règle fixe ne peut être posée à ce sujet ; tout dépend des circonstances et la pratique seule indique ce qu'il convient de faire dans chaque cas particulier.

L'officier de police judiciaire est libre d'écrire ses procès-verbaux sur des feuilles détachées ou de les rédiger les unes à la suite des autres sur un *cahier d'information*, comme le prévoit l'article 76 du Code d'instruction criminelle, ce qui permet, quand les opérations sont nombreuses, de se rendre mieux compte de leur succession. Chacun des deux systèmes a ses partisans et ses détracteurs et, là encore, aucune règle absolue ne peut être posée ; mais, quel que soit le système employé, il est bon d'indiquer en marge, par une mention sommaire, l'objet du procès-verbal.

La loi n'a pas fixé de *délai* pour la rédaction des procès-verbaux de police judiciaire maritime ; mais, en édictant qu'ils seront transmis « sans délai » au préfet maritime (art. 127, C. J. M.), le législateur a certainement voulu qu'aucune perte de temps ne fût apportée à leur confection. Ils doivent donc, autant que possible, être rédigés séance tenante et au lieu même de l'infraction.

Contenu des procès-verbaux. — Les énonciations qui doivent figurer dans les procès-verbaux de police judiciaire maritime sont les suivantes :

Tout d'abord, la *date* et *l'heure* ; ces indications indispensables, la première surtout, doivent être écrites en toutes lettres, comme d'ailleurs tous les noms de nombre insérés dans un procès-verbal,

MANUEL

DE

L'OFFICIER DE POLICE JUDICIAIRE MARITIME

ABRÉVIATIONS.

C. J. M..	Code de justice maritime.	Circ. min.	Circulaire ministérielle.
C. I. Cr..	Code d'instruction criminelle.	Dép. min.	Dépêche ministérielle.
C. P.....	Code pénal.	Instr.min.	Instruction ministérielle.
Cass.....	Arrêt de la Cour de cassation.	Art......	Article.

CHAPITRE PREMIER.

NOTIONS GÉNÉRALES.

Qu'elles régissent la masse des citoyens ou seulement certains d'entre eux, comme les militaires et marins, toutes les lois répressives reposent sur des principes communs. Le Code de justice maritime (art. 260), dans une formule identique à celle employée par le Code de justice militaire (art. 201), énumère les plus importants de ces principes fondamentaux quand il déclare applicables, devant les tribunaux de la marine, les articles du Code pénal ordinaire « relatifs à la tentative de crime ou délit, à la complicité et aux cas d'excuses ». Qu'est-ce qu'un crime, un délit, une contravention ? Quand y a-t-il flagrant délit ? Quels sont les éléments constitutifs de la tentative et de la complicité ? La tentative et la complicité sont-elles punissables ? Quelles circonstances rendent un crime ou un délit excusable ? Telles sont les questions auxquelles toute per-

peut cependant remplacer par des lettres initiales celles qui seraient trop choquantes); les symptômes d'embarras, de crainte ou d'émotion que le déclarant et, surtout l'inculpé, a pu manifester;

En un mot, le récit clair, précis et exact des choses et faits vus ou entendus par l'officier de police judiciaire, rédacteur du procès-verbal.

Ne pas perdre de vue que, pour être clair, il faut faire parler les plaignants, les témoins, les experts, les inculpés et autres à la première personne, par exemple : « J'ai vu..., j'ai appris... »; si l'on fait parler le comparant à la troisième personne, il est fort difficile au lecteur du procès-verbal de comprendre à qui se rapportent les *il* et les *qui* employés. Pour la même raison, l'officier de police judiciaire, lorsqu'il se met lui-même en cause, doit employer la première personne et dire : « Nous étant transporté à..., nous avons constaté... »

Enfin, quel que soit l'objet du procès-verbal, on doit se garder de toute opinion personnelle, de tout commentaire, relativement aux constatations qu'il renferme. L'officier de police judiciaire n'est pas, en effet, un juge, mais un témoin; il n'est pas chargé de poursuivre les délits, mais seulement de les constater; il doit apporter à la justice un témoignage impartial, éclairé, complet, mais rien autre chose qu'un témoignage. (F. Hélie, *Code d'instruction criminelle*.) S'il en était autrement, l'opinion exprimée dans le procès-verbal de police judiciaire pourrait souvent différer de celle à laquelle se rangera le magistrat chargé de l'instruction proprement dite, ce qui serait du plus fâcheux effet et pourrait créer des difficultés à l'accusation, en donnant des armes à la défense. L'habitude prise par certains officiers de police judiciaire d'annexer à leurs procès-verbaux une sorte de résumé des constatations de leur enquête est donc vicieuse et doit être sévèrement proscrite (Dép. min., 18 fév. 1909).

Transmission des procès-verbaux. — « Les actes et procès-verbaux « dressés par les officiers de police judiciaire maritime sont transmis, sans « délai, avec les pièces et documents, au préfet maritime » (art. 127, C. J. M.).

D'après les instructions ministérielles qui ont commenté cet article, les procès-verbaux de police judiciaire doivent parvenir au préfet maritime le jour même ou, au plus tard, le lendemain du jour où ils ont été clos. Cette prescription revêt une importance particulière lorsque l'inculpé, arrêté en flagrant délit, a été admis à la prison maritime, car, aux termes de l'article 31 du décret du 7 avril 1873, cette admission n'est que provisoire et doit être régularisée dans les 24 heures. Il est, par suite, indispensable que le préfet maritime soit mis en mesure de signer avant l'expiration de ce délai l'ordre d'informer qui transformera l'inculpé en prévenu et permettra au rapporteur de le placer sous mandat de dépôt, conformément à l'article 135 du Code (Dép. min., 20 mai et 6 juin 1908).

Dans la transmission des procès-verbaux de police judiciaire, il ne doit pas y avoir d'intermédiaire entre le rédacteur du procès-verbal et le préfet maritime, d'abord parce que le premier, en tant qu'officier de police judiciaire, relève du préfet maritime seul (art. 114, C. J. M.) et aussi parce que la suppression de tout intermédiaire est le seul moyen d'obéir à la loi, qui veut que la transmission ait lieu « sans délai ». L'article 3 de l'arrêté ministériel du 27 janvier 1908 dispose, par exception, que les procès-verbaux de police judiciaire dressés dans l'arsenal sont centralisés par le major général qui les transmet au préfet maritime; mais cette dérogation au principe de la transmission directe se justifie par ce fait que les crimes et délits commis dans l'intérieur de l'arsenal intéressent presque toujours la police ou la sûreté de cet établissement, police et sûreté dont le major général est seul responsable. Quant aux autres chefs de service de l'arsenal, leur intervention ne peut se justifier par des considérations analogues et, par suite, ils ne doivent pas servir d'intermédiaires entre les officiers de police judiciaire et le préfet maritime (Dép. min., 20 mai 1908).

En même temps que ses procès-verbaux, l'officier de police judiciaire doit transmettre au préfet maritime les plaintes et dénonciations qu'il a reçues, les papiers qu'il a saisis, les rapports des experts qu'il a désignés et, d'une manière générale, toutes les « pièces et documents » se rapportant au fait qui a motivé son intervention (art. 127, C. J. M.).

Parmi ces « pièces et documents », il faut comprendre, dans les cas fort rares d'ailleurs où l'enquête a occasionné des frais, les factures, mémoires et autres pièces justificatives préalablement décomptées et certifiées par l'officier de police judiciaire. Si ce dernier a cru devoir avancer certains frais, par exemple des frais de voiture, il fournit un mémoire, décompté et certifié, des sommes dont le remboursement lui est dû. Après vérification des pièces justificatives ainsi produites, le rapporteur chargé de l'instruction de l'affaire en fait ordonnancer le montant au profit des créanciers (experts, ouvriers requis, etc...) et l'ajoute au compte des frais de justice à recouvrer sur le condamné.

CHAPITRE XII.

RÉQUISITIONS, COMMISSIONS ROGATOIRES.

Par cela seul qu'elles sont investies du grade ou de l'emploi visé par la loi, les personnes énumérées aux articles 114 et 198 du Code de justice maritime ont le droit d'exercer de leur propre initiative les fonctions d'officier de police judiciaire. S'il en était autrement, s'il leur fallait, avant d'agir, se pourvoir de l'autorisation ou de la délégation d'une autorité supérieure, elles ne pourraient, le plus souvent, mener à bien une tàche qui exige, avant tout, de la promptitude (Dép. min., 23 avril 1906).

C'est donc spontanément que les officiers de police judiciaire maritime accomplissent, en général, les actes de leur ressort, et cette hypothèse a été seule envisagée dans les chapitres qui précèdent. Il reste maintenant à étudier les cas, encore assez fréquents, où ces officiers agissant sous l'impulsion d'une autorité supérieure qui leur adresse soit une *réquisition*, soit une *commission rogatoire*.

Réquisitions. — Une réquisition est l'acte par lequel un chef de corps, de service, de détail, ou toute autre autorité maritime visée à l'article 115 du Code de justice militaire pour l'armée de mer (reproduit page 468) charge un officier de police judiciaire de procéder, en son lieu et place, à la constatation d'un crime ou d'un délit.

Tous les officiers de police judiciaire maritime peuvent recevoir des réquisitions, mais les instructions ministérielles recommandent de les adresser, de préférence, aux officiers, sous-officiers et commandants de brigade de la gendarmerie maritime (Dép. min., 24 décembre 1901). Si l'infraction à constater s'est produite dans l'arsenal, c'est à l'officier de gendarmerie, sous-aide-major, que la réquisition doit être adressée ; dans tous les autres cas, et à défaut d'ordres spéciaux du préfet maritime, chef suprême de la police judiciaire, il y a lieu de se conformer à l'article 13 du décret du 15 juillet 1858, ainsi conçu : « Dans les ports chefs-lieux d'arrondissements « maritimes, les réquisitions écrites sont toujours adressées aux « commandants des compagnies (de gendarmerie maritime) ; sur « tous les autres points, elles sont adressées aux commandants « des postes qui s'y trouvent placés. »

L'officier de police judiciaire maritime qui procède en vertu d'une réquisition a les mêmes droits et les mêmes obligations que s'il agissait de sa propre initiative ; toutefois ses procès-verbaux doivent viser l'article 115 du Code de justice maritime et mentionner les nom, grade et qualité du chef qui l'a requis.

Les procès-verbaux dressés par un officier de police judiciaire requis doivent, suivant la règle générale annoncée au chapitre précédent, être adressés au préfet maritime, directement et sans l'entremise de l'autorité dont émane la réquisition. La dépêche ministérielle du 20 mai 1908 le dit formellement pour les procès-verbaux dressés par la gendarmerie dans l'intérieur de l'arsenal ; on ne voit pas pourquoi, l'urgence étant la même, il en serait différemment de tous autres procès-verbaux.

Commissions rogatoires. — Une commission rogatoire est l'acte par lequel le magistrat civil, militaire ou maritime, chargé d'une instruction judiciaire, délègue un autre magistrat de même ordre ou un officier de police judiciaire pour accomplir, en son lieu et place, un ou plusieurs actes d'instruction.

En matière maritime, la commission rogatoire est prévue par l'article 132, qui vise aussi bien le rapporteur près le conseil de guerre que le commissaire-rapporteur près le tribunal maritime, et qui est ainsi conçu :

« Le rapporteur..... décerne des commissions rogatoires et fait les autres « actes d'instruction que l'affaire peut exiger en se conformant aux articles « 73, 74, 75, 76, 78, 79, 82, 83 et 85 du Code d'instruction criminelle.

« Si les témoins résident hors du lieu où est faite l'information, le rap- « porteur peut requérir, par commission rogatoire, soit le rapporteur près « le conseil de guerre ou près le tribunal maritime, soit le juge d'instruc- « tion, soit le juge de paix du lieu dans lequel ces témoins sont résidents, à « l'effet de recevoir leur déposition.

« Le rapporteur saisi de l'affaire peut également adresser des commissions
« rogatoires aux fonctionnaires ci-dessus mentionnés, lorsqu'il faut pro-
« céder, hors du lieu où se fait l'information, soit aux recherches prévues
« par l'article 116 du présent Code, soit à tout autre acte d'instruction. »

Si ce texte était pris à la lettre, la commission rogatoire ne pourrait porter que sur les actes d'instruction à accomplir « hors du lieu
où se fait l'information »; mais, comme l'a maintes fois décidé la
Cour de cassation, les termes de la loi, en matière de commission
rogatoire, ont un caractère simplement énonciatif et limitatif, d'où
il suit que tout magistrat instructeur peut valablement décerner une
commission rogatoire exécutoire dans le lieu même de sa résidence.

Le caractère purement énonciatif des textes qui traitent de la
commission rogatoire permet également aux magistrats instructeurs
de déléguer leurs pouvoirs à d'autres officiers de police judiciaire
que les juges de paix, seuls expressément désignés par la loi. Aussi,
malgré le silence gardé sur les commissaires de police par les articles 83, 84 et 90 du Code d'instruction criminelle, les délégations
adressées à ces fonctionnaires par les juges d'instruction sont si
nombreuses qu'on a dû créer, à Paris et dans d'autres grandes villes,
un « commissaire aux délégations judiciaires » spécialement chargé
d'y satisfaire. De même, les rapporteurs près les conseils de guerre
et les tribunaux maritimes donnent, assez fréquemment, des commissions rogatoires au commissaire spécial de police en résidence
dans chaque port militaire, ainsi qu'aux officiers, sous-officiers et
commandants de brigade de gendarmerie maritime, bien que ces
divers officiers de police judiciaire ne soient pas mentionnés dans
l'article 132 du Code, reproduit plus haut.

Toute commission rogatoire doit être donnée par écrit [1] et préciser,
soit dans son texte, soit dans une note annexée, le ou les actes à
accomplir. Elle doit, de plus, mentionner le magistrat ou l'officier
de police délégué. Celui-ci est, d'ailleurs, généralement désigné par
sa qualité plutôt que par son nom patronymique, afin qu'en cas
d'empêchement de sa part, son suppléant légal puisse exécuter la
délégation.

---

[1] Le modèle de « commission rogatoire » qui est actuellement réglementaire dans la
marine a été rédigé en vue d'une audition de témoins; mais on peut, en le rectifiant à
la main, l'adapter à toute autre opération (perquisition, constat, etc.).

L'officier de police judiciaire maritime qui reçoit une commission rogatoire est tenu de l'exécuter lui-même, car aucun texte ne l'autorise à déléguer à son tour, c'est-à-dire à subdéléguer, les pouvoirs qu'il tient déjà d'une délégation. Le droit de délégation, comme celui de subdélégation, n'appartient qu'aux magistrats chargés d'une instruction et à eux seuls.

En sa qualité de mandataire du magistrat instructeur, l'officier de police judiciaire commis rogatoirement doit observer avec soin toutes les formes auxquelles ce magistrat opérant en personne serait astreint. Par exemple, s'il est chargé d'entendre des témoins, il ne doit pas omettre de leur faire prêter serment, alors que, comme on l'a vu au chapitre VI, il n'y serait pas obligé s'il agissait en sa seule qualité d'officier de police judiciaire et sans délégation.

Par contre, l'officier de police judiciaire régulièrement commis exerce tous les droits dont le magistrat instructeur, son commettant, est investi par la loi. C'est pourquoi des opérations qui excèdent les pouvoirs des officiers de police judiciaire, comme la perquisition au domicile d'un tiers, sont couramment et très valablement accomplies par ces mêmes officiers agissant en vertu de commissions rogatoires.

Dès qu'elle a été exécutée, la commission rogatoire est renvoyée directement, avec les pièces qui y étaient jointes et tous les procès-verbaux constatant l'accomplissement de la mission déléguée, au magistrat de qui elle émane.

CHAPITRE XIII.

LA POLICE JUDICIAIRE A BORD.

« Lorsqu'un crime ou délit de la compétence des conseils de guerre a été
« commis à bord d'un bâtiment de l'État, ou a été commis à terre par un indi-
« vidu embarqué sur un bâtiment de l'État, le commandant désigne un officier
« pour procéder comme il est dit aux articles 116, 119, 121 et 122 du présent
« code » (art. 204, § 1, C. J. M.).

Tout officier du bâtiment peut être désigné comme officier de police judiciaire, à quelque corps qu'il appartienne.

Si le bâtiment est momentanément présent dans l'enceinte d'un arsenal maritime, le commandant peut requérir, par application de l'article 115 et en sa qualité de chef de corps, l'un des officiers de police judiciaire énumérés au chapitre III ci-dessus, par exemple un gradé de la gendarmerie maritime (Dép. min., 23 avril 1906). Les marins embarqués sur un bâtiment présent dans l'arsenal relèvent, en effet, pour tous crimes ou délits, du conseil de guerre de l'arrondissement (art. 78, § 1, C. J. M.); il est donc tout naturel, surtout si le crime ou délit a été commis à terre, qu'un officier de police judiciaire du service à terre soit appelé, de préférence à un officier du bord généralement peu préparé à ces fonctions.

L'officier désigné par application de l'article 204 doit se conformer, dit le Code, aux articles :

116, relatif aux constats, auditions de témoins et saisies (chapitres V, VI et VII ci-dessus) ;

119 et 121, relatifs aux perquisitions et visites domiciliaires (chapitre X ci-dessus);

122, relatif à la signature des procès-verbaux (chapitre XI ci-dessus).

Le Code ne renvoie pas aux articles 117 et 118, relatifs à l'arrestation de l'inculpé, parce que, dans l'immense majorité des cas, celui-ci est présent à bord et à la disposition de l'officier de police judiciaire. S'il en était autrement, ce dernier pourrait, sans aucun doute, faire saisir, en vertu de l'article 117, l'inculpé réfugié à terre, tout au moins dans les pays français. A l'étranger, il devrait se montrer plus circonspect, parce que, dans la plupart des pays, les tribunaux locaux se réservent le droit de juger les inculpés saisis à terre, lorsque c'est à terre également que le crime ou délit a été commis.

L'application à bord des règles qui gouvernent l'exercice de la police judiciaire à terre donne lieu aux quelques remarques suivantes :

A bord, toute mort violente résultant d'un accident, d'un suicide, d'un crime ou d'un événement autre qu'un fait de guerre, doit être constatée, avec l'assistance du médecin du bâtiment, par un officier de police judiciaire désigné en conformité de l'article 204 du Code (Inst. min., 26 juillet 1894). Le procès-verbal de constat est dressé comme il a été dit au chapitre V ci-dessus et extrait en est remis à l'officier de l'état civil compétent (commissaire ou comman-

dant du bâtiment, maire, agent diplomatique ou consulaire français),
pour lui permettre de dresser l'acte de décès. Les autorités judiciaires civiles n'ont donc pas à intervenir, à moins qu'il ne s'agisse
d'un meurtre commis à bord par un civil ou de complicité avec un
civil, auquel cas elles pourraient être reçues à bord et y accomplir
toutes les formalités légales après réquisition adressée au commandant, conformément à l'article 120 du Code de justice maritime. Par
contre, en pays étranger, où le navire de guerre est protégé par le
principe de l'exterritorialité, le commandant doit s'opposer à toute
ingérence des autorités judiciaires locales et pourrait même refuser
la remise de quiconque se serait réfugié à son bord.

A bord, l'assistance d'un greffier est obligatoire, de même que la
prestation de serment des témoins (Circ. min., 14 mai 1903). En
raison des déplacements fréquents et subits auxquels les bâtiments
sont sujets, il importe que l'officier chargé de l'information puisse
se dispenser d'entendre les témoins déjà entendus par l'officier de
police judiciaire. Or, comme on l'a vu au chapitre VI, cela n'est
légalement possible que si ces témoins ont été entendus sous la foi
du serment et en présence d'un greffier.

A bord, les restrictions apportées par la circulaire ministérielle du
14 mai 1903 aux pouvoirs de l'officier de police judiciaire en matière
d'interrogatoire et de confrontation ne sont pas applicables. Par
conséquent, les officiers de police judiciaire agissant en vertu de
l'article 204 du Code ont, en toutes circonstances, le droit d'interroger l'inculpé et de le confronter, si besoin est, avec les témoins ou
avec ses complices.

Les visites domiciliaires que les officiers de police judiciaire de
bord peuvent avoir à opérer en *pays français* sont régies par les
articles 119 et 121 du Code, auxquels l'article 204 renvoie ; celles
qu'il peut être nécessaire d'opérer en *pays étranger* font l'objet de
l'article 205, ainsi conçu :

« Lorsque, hors de France, sur un territoire étranger occupé militairement,
« et dans les cas prévus par les articles 119 et 121 du présent Code, l'officier
« désigné conformément à l'article précédent doit pénétrer dans un établisse
« ment civil ou dans une habitation particulière, et qu'il ne se trouve sur les
« lieux aucune autorité chargée de l'assister, il peut passer outre, et mention
« en est faite dans le procès-verbal.

« Si ce territoire étranger n'est pas occupé militairement, il est rendu

« compte au commandant supérieur, qui avise, de concert avec le consul
« français, s'il y en a un sur les lieux. »

Son enquête terminée, l'officier de police judiciaire de bord se
dessaisit du dossier conformément aux prescriptions suivantes :

« L'officier désigné conformément à l'article 204 remet sans délai au com-
« mandant ou au commandant supérieur qui l'a commis les actes et procès-
« verbaux qu'il a dressés, avec les pièces et documents à l'appui » (art. 206,
C. J. M.).

PARIS. — IMPRIMERIE R. CHAPELOT ET C°, 2, RUE CHRISTINE.

PARIS. — IMPRIMERIE R. CHAPELOT ET Cᵉ, 2, RUE CHRISTINE.